प्राण मेरे

[गीत-संग्रह]

प्राण मेरे

अनिल कुमार पाठक

लोकभारती प्रकाशन

लोकभारती प्रकाशन
पहली मंजिल, दरबारी बिल्डिंग, महात्मा गांधी मार्ग
प्रयागराज-211 001

वेबसाइट : www.lokbhartiprakashan.com
ईमेल : info@lokbhartiprakashan.com

शाखाएँ : 1-बी, नेताजी सुभाष मार्ग, दरियागंज
नई दिल्ली-110 002
अशोक राजपथ, साइंस कॉलेज के सामने
पटना-800 006
36 ए, शेक्सपियर सरणी, कोलकाता-700 017

पहला संस्करण : 2022

बी.के. ऑफसेट
नवीन शाहदरा, दिल्ली-110 032
द्वारा मुद्रित

PRAAN MERE
Geet by Anil Kumar Pathak

ISBN : 978-93-93603-27-2

मूल्य : ₹395

शुभाशंसा

श्रेष्ठ गीतकार एवं सुकवि अनिल कुमार पाठक की नव्यतम कृति 'प्राण मेरे' का साहित्य-जगत् में पदार्पण अत्यन्त स्वागत योग्य है। यह कृति फेनिल ताज़गी से भरे प्रेम-गीतों का एक विलक्षण संग्रह है, तथापि यहाँ प्रेम महज एक रूमानी भावुकता या विह्वलता भर नहीं, अपितु अमित अर्थ-संकेतों तथा अपरिमित अर्थ-सन्दर्भों के साथ उपस्थित है। कवि की दृष्टि में "प्रेम वस्तुत: एक शाश्वत भाव है, विश्व के कण-कण में व्याप्त वह स्पन्दन है, जिससे प्रकृति पल्लवित, पुष्पित और फलित होती है" और इस "प्रेम की परिधि में परिवार, समाज, देश व विश्व सभी सम्मिलित हो जाते हैं।" इस कृति में प्रेम कबीर का 'ढाई आखर' है जिसे जान लेने के बाद बहुत सारे ग्रन्थों के पढ़ने की आवश्यकता नहीं रह जाती तथा व्यक्ति सहज ही प्रेमपूर्ण हो जाता है।

'प्राण मेरे' की गेय कविताओं को पढ़ते (या गुनगुनाते) हुए प्राय: प्रियतम एवं प्रेयसी के मध्य संवाद या एकान्त निवेदन के बिम्ब उभरते हैं। कई बार यह आभास होता है कि काव्य-नायक अपनी प्रियतमा से कुछ कह रहा है या उसे पुकार रहा है एवं कई बार लौकिक धरातल से परे कविता अलौकिक प्रियतम के लिए आकुल टेर बन जाती है। दृष्टान्त के तौर पर निम्न काव्योक्ति पर दृष्टिपात करें :

'तूने बढ़ाया हाथ तो सच, मैं सहम गया
तूने मिलाया हाथ तो थोड़ा-सा थम गया

हाथों को तेरे चूमकर पूछो न क्या मिला
मैंने तो प्राण पा लिया जीने का सिलसिला।'

यहाँ प्रतीत होता है कि काव्य-नायिका लौकिक धरातल की है, तथापि जब हम—

'तुम्हें मैं ढूँढ़ता हूँ प्राण! हर पल सितारों में,
फैली है चमक तेरी नभ के नज़ारों में॥'

—जैसी पंक्तियों से गुज़रते हैं, तो हमें एक दिव्यता या अलौकिकता का सहज ही अनुभव होता है।

सुकवि डॉ. पाठक ने अपनी अन्य काव्य-कृति 'अप्रतिम' में अपनी बात कहते हुए जो लिखा है, वह कृति के सन्दर्भ में भी प्रासंगिक है। कवि के ही शब्दों में, "समस्त सुधी पाठकों से आग्रह करना चाहूँगा कि वे इस संग्रह की कविताओं में कदापि एक अन्वेषक की दृष्टि से यह तलाशने की कोशिश न करें कि इन गीतों की अभिव्यक्तियों का प्रेरक कौन है, कहाँ है, कब से है? ऐसे विभिन्न प्रश्नवाचक शब्दों से परे जाकर ही इन गीतों को पढ़ना श्रेयस्कर होगा।"

सुप्रसिद्ध समालोचक एवं साहित्यकार टी.एस. इलियट ने भी ऐसे अन्वेषणों को नितान्त अवांछित बताते हुए कहा है कि शेक्सपियर के कपड़ों की धुलाई के बिलों को ढूँढ़ने का कोई प्रयोजन नहीं है।* ऐसे कृत्य साहित्य की परिधि से नितान्त परे होते हैं एवं साहित्यिक मूल्यांकन में इनका कोई महत्त्व नहीं होता है। अतः इस कृति में भी—

'प्राण मेरे
        पास तेरे
प्राण तेरे
        पास मेरे।
सुन, प्राण मेरे॥'

जैसी अनेकानेक काव्योक्तियों के पार्श्व में किसी व्यक्ति-विशेष को न ढूँढ़कर उनमें निरपेक्ष भाव से (तथापि एक रसज्ञ की भाँति) अवगाहन करना चाहिए तथा उनका बिना किसी पूर्वाग्रह के स्वतंत्र मूल्यांकन किया जाना चाहिए। यही श्रेयस्कर है।

---

* We know that the discovery of Shakespeare's Laundry Bills would not be of much use to us.

कविवर पंत ने कविता के लिए 'चित्र-भाषा' की आवश्यकता पर बल दिया है। इस कृति में भी काव्य-चित्रों का प्राचुर्य है। दृष्टान्त के तौर पर कुछ बिम्बात्मक अभिव्यक्तियों पर दृष्टिपात प्रासंगिक होगा :

"साथ रहा, थी बात निराली,
शोभित थी पुष्पों से डाली,
गाती थी कोयलिया काली
पर तेरे बिन प्रिय सब सूना।
अब तो है मेरा दु:ख दूना॥"

'प्राण मेरे तपते जीवन में' शीर्षक कविता में कवि ने 'मन-पंछी' के झुलसकर तड़पने तथा 'ताश के पत्तों' की भाँति जीवन के बिखराव का विलक्षण चित्रण किया है :

"विरह-अनल में झुलस-झुलस कर
मन का पंछी तड़प रहा था।
× × ×
ताश के बिखरे पत्तों जैसी,
क़िस्मत पर मैं तरस रहा था।"

'कुछ साथ मिले, कुछ छूट गए' शीर्षक कविता की निम्न पंक्तियों में तो बिम्बों की झड़ी लग जाती है :

"रिश्ते तो हों दर्पण जैसे
मधुमय औ' मलयानिल जैसे
वंचक छलिया जो बने अगर
चातक से रिश्ते भी टूट गए
बहुत सँभाला मैंने उनको
फिर भी रिश्ते सब टूट गए॥"

यहाँ कविता का समापन सभी रिश्तों के टूट जाने की त्रासद स्थिति में है। कवि भली-भाँति जानता है और उसकी स्वीकारोक्ति भी है :

'प्रेम की परिणति पीड़ा ही है
और यहाँ क्या पाना है?'

अत: उसकी कई कविताओं में अंग्रेज़ी के सुप्रसिद्ध कवि कीट्स की भावधारा की भाँति कहीं-कहीं 'मृत्युबोध' मुखर होकर उभरा है। इन पंक्तियों को देखें :

"अगर नहीं आए तुम प्रियतम!
बढ़ता ही जाएगा यह ग़म,
हो सकती है मेरी विदाई
तुम भी देखो, आँखें हों नम।"

'प्राण! क्यूँ नाराज़ है' शीर्षक कविता में कवि की उक्ति है :

"इस तरह गुम-सुम रहोगी, जीते जी मर जाऊँगा।
छोड़ दूँगा ये जहाँ, फिर लौटकर ना आऊँगा॥"

'प्रिय तेरे बिन मेरा जीवन' शीर्षक कविता में यद्यपि विछोह की स्थिति में कवि को जीवन सारहीन प्रतीत होता है, तथापि यहाँ परिवेश का आकर्षण भी उपस्थित है :

'अमराए अमवा की डाली,
गदराए महुवे की लाली,
गाए कोयल हो मतवाली,
सुरभित चहुँदिशि फिरे पवन।'

प्रेम की विविध भंगिमाओं के प्रभावपूर्ण चित्रण के साथ यह कृति अत्यन्त महत्त्वपूर्ण, गेय एवं पठनीय बन गई है। इस संग्रह की कविता, 'प्यार इसी को कहते हैं' में हर्ष एवं विषाद को साथ लिए एक विलक्षण बिम्ब इन पंक्तियों में उभरा है :

'गहे बाँह जब भी साथी की,
जैसे प्रीति तेल-बाती की,
साथ-साथ ही जलती जाए,
मर्यादा रखकर थाती की।'

प्रेम पीड़ा है, जलन है, तो सुखानुभूति भी है, आलोक फैलाना भी। 'तेल-बाती' का यह बिम्ब इसे अत्यन्त प्रभावपूर्ण रीति से व्यंजित करता है। इस दृष्टि से इस कृति की अन्तिम कविता भी पंक्तिबद्ध रूप से दीपों को सजाकर, तिमिर मिटाकर आलोक-दान से सम्बन्धित है। हम सभी मिट्टी के पुतले हैं, जिन्हें एक दिन मिट्टी में मिल जाना है, तथापि हमारे भीतर स्नेह से अभिसिंचित चेतना की एक बाती भी है जो निरन्तर ऊर्ध्वमुखी होकर प्रकाश फैलाती रहती है। कवि के शब्दों में :

"दीये का है तन माटी का
इसका है जीवन माटी सा
किन्तु स्नेह से भरी चेतना
ऊपर लौ फैलाएँ।
आओ, प्राण! अब दीप जलाएँ!"

समग्रत: प्रेम की सप्तवर्णी भंगिमाओं से संस्कारित यह कृति अपने आप में प्रवाहपूर्ण भाषा एवं प्रभावपूर्ण भाव-सम्पदा के साथ एक सम्मोहक इन्द्रधनुषी विस्तार समेटे है, जिसके लिए सुकवि डॉ. पाठक को अनेकानेक बधाइयाँ!

कथ्य की श्रेष्ठता के साथ ही यह कृति शिल्पगत विशिष्टताओं से भी परिपूर्ण है जो सुकवि की सिद्धहस्त लेखनी के परिचायक हैं। आशा है, भविष्य में भी गीतकार सुकवि डॉ. पाठक ऐसी ही श्रेष्ठ कृतियों से साहित्य की श्रीसम्पदा में निरन्तर अभिवृद्धि करते रहेंगे। एतदर्थ उन्हें कोटिशः हार्दिक शुभकामनाएँ!

मैं आशान्वित हूँ कि इस कृति का साहित्य-जगत् में एवं विशेषतः काव्य-प्रेमियों के मध्य समुचित स्वागत एवं समादर होगा।

डॉ. शम्भु नाथ
पूर्व मुख्य सचिव, उ.प्र. शासन एवं
पूर्व कार्यकारी अध्यक्ष, उ.प्र. हिन्दी संस्थान, लखनऊ

दिनांक : 24.02.2022
लखनऊ

अपनी बात

प्रेम समुद्र जो अति अवगाहा। जहाँ न वार न हार न थाहा॥*
प्रीति-बेलि कै अमर को बोई। दिन-दिन बढ़ै, छीन नहीं होई॥
प्रीति-बेलि संग बिरह अपारा। सरग पतार जरै तेहि झारा॥
प्रीति-बेलि अरुझै जब, तब सुछाँह सुख-साख।
मिलै पिरीतम आइ कै, दाख बेलि रस चाख॥**

प्रेम की व्यापकता और उसके विविध आयाम उसे शाश्वत एवं कालातीत बनाते हैं। मानव ही नहीं बल्कि सभी प्राणियों, जीव-जन्तुओं, वनस्पतियों—सभी में इनकी अभिव्यक्ति विभिन्न रूपों में दिखाई पड़ती है। प्रेम का यह शाश्वत भाव विश्व के कण-कण में व्याप्त है और सभी में किसी न किसी रूप में प्रकट होता है। मानव जाति अपनी आदिम सभ्यता से लेकर वर्तमान वैज्ञानिक प्रगति के चरमोत्कर्ष की अवधि में प्रेम भाव से स्पंदित होती रही है। हालाँकि वर्तमान में प्रेम के प्रति बदलती हुई सोच एवं भोगवादी संस्कृति कहीं न कहीं प्रेम की वास्तविक भावना से परे इसके स्वरूप को विकृत करने का प्रयास कर रही है फिर भी प्रेम की महत्ता किसी भी रूप में कम नहीं आँकी जा सकती। प्रेम की व्यापकता और उसके विविध आयाम जहाँ माता-पिता व संतान के बीच, भाई-बहन के बीच हैं वहीं परिवार-समाज-राष्ट्र के प्रति और इन सबसे भी बढ़कर सम्पूर्ण धरती व सभी प्राणियों के प्रति भी हैं। प्रेम की इस परिधि में दो ऐसे व्यक्तियों के बीच का सम्बन्ध भी अत्यन्त महत्त्वपूर्ण है जो अजनबी व अपरिचित होने के बाद भी आत्मीयता

* पद्मावत, राजा गजपति संवाद खंड-4, पृ. 146

** पद्मावत, गन्धर्वसेन मंत्री खंड-16, पृ. 259
जायसी ग्रन्थावली सम्पादक-राजनाथ शर्मा, विनोद पुस्तक मन्दिर, आगरा, 1983

से सराबोर हो जाता है और धीरे-धीरे मिलन व वियोग दोनों स्थितियों में पराकाष्ठा पर पहुँच जाता है। कदाचित् इसीलिए उन्हें प्रेमी व प्रेमिका के रूप में सम्बोधित किया गया है। यह प्रेम का विचित्र एवं अनुपम स्वरूप है। दो अपरिचित व्यक्ति एक-दूसरे के प्रति इस प्रकार आकर्षित हो जाते हैं कि एक-दूसरे के बिना जीना असम्भव हो जाता है। उनका मिलना जहाँ प्रेम की पराकाष्ठा है वहीं त्याग के परिप्रेक्ष्य में उनका वियोग उस पराकाष्ठा से भी श्रेष्ठतर माना जाता है।

प्रेम के निर्मल एवं पवित्र स्वरूप के बावजूद हमारे समाज में प्रेम के सम्बन्ध में कई अवधारणाएँ एवं भ्रान्तियाँ विद्यमान हैं। यद्यपि छद्म या कपटपूर्ण प्रेम के सन्दर्भ ये कुछ हद तक सही हो सकती हैं परन्तु सच्चे प्रेम के सन्दर्भ में नहीं, क्योंकि सच्चा प्रेम तो सत्य की तरह देश-काल-अबाधित और तत्त्वत: अपरिवर्तनीय है। वह तो सदा ही एक सा रहता है। इन्हीं कतिपय धारणाओं में से एक है प्रेम का मात्राकरण करना जिसमें यह मान लिया गया है कि प्रेम के स्थायित्व के लिए यह आवश्यक है कि प्रेम की न तो अति हो और न ही पूर्ण उपेक्षा हो। तो क्या यह मान लिया जाए कि प्रेम के सन्दर्भ में भी 'अति सर्वत्र वर्जयेत' का सिद्धान्त औचित्यपूर्ण है? क्या इसके आधार पर यह मानना सही होगा कि न तो अत्यधिक प्रेम करना चाहिए और न ही प्रेम का अभाव होना चाहिए क्योंकि दोनों स्थितियाँ दोषपूर्ण होती हैं। फलस्वरूप मध्यम मार्ग ही उत्तम है। वस्तुत: यह दृष्टि प्रेम को भी अन्य भौतिक व जड़ वस्तुओं के समान समझने के कारण है जबकि प्रेम तो चेतन है, व्यापक है। यही कारण है कि हम प्रेम का भी मात्राकरण करने लगते हैं, तभी तो प्रेम के अधिक या कम होने के चक्कर में हम यह भूल जाते हैं कि प्रेम तो बस प्रेम है। सच्चा प्रेम तो सदैव परिपूर्ण होता है वह न कम होता है न ज़्यादा होता है जैसे, बृहदारण्यक उपनिषद् में ब्रह्म के लिए वर्णित है, वही पूर्णता प्रेम के सम्बन्ध में भी कही जा सकती है :

ऊँ पूर्णमद: पूर्णमिदं पूर्णात्पूर्णमुदच्यते।
पूर्णस्य पूर्णमादाय पूर्णमेवावशिष्यते॥

उक्त के अतिरिक्त प्रेम के सम्बन्ध में यह भी धारणा व्याप्त है कि प्रेम के स्थायित्व के लिए प्रेमियों का आँखों के सामने रहना ज़रूरी है, एक-दूसरे

से दूर होने पर यह प्रेम धीरे-धीरे समाप्त हो जाता है। यह दृष्टि भी प्रेम को, प्रेम के तत्त्व को, प्रेम के स्वरूप को न समझ पाने के कारण है क्योंकि वास्तविक प्रेम जैसा सामने रहने पर होता है वैसा ही अनुपस्थिति में भी रहता है। उसे प्रेम ही कैसे कहा जा सकता है जो देश-काल के परिवर्तन के साथ परिवर्तित होता रहे। सच्चा प्रेम तो सदैव एक सा रहता है—सुख में दुःख में, लाभ में हानि में, जय में पराजय में, भाव में अभाव में, उपस्थिति में अनुपस्थिति में यानी हर स्थिति में एक सा ही रहता है इसीलिए सच्चा प्रेम-बन्ध स्थायी होता है। यह सुख में तो साथ-साथ रहता ही है, विपरीत स्थितियों में, दुःख में, संकट में भी साथ नहीं छोड़ता। जैसे संकट में गाय अपने बच्चे को नहीं छोड़ती, अपने बच्चे को आपद्ग्रस्त होने पर भी बिल्ली (मार्जार) उसका त्याग नहीं करती है, हाथी के संकट में होने पर हथिनी उसे छोड़कर नहीं जाती है उसी तरह सच्चा प्रेम-बन्ध, वह चाहे माता-पिता-सन्तान, भाई-बहन, भाई-भाई, मित्र अथवा प्रेमी-प्रेमिका आदि किसी के मध्य हो, एक-दूसरे को नहीं छोड़ सकता है। इसीलिए तो प्रेम करने वालों का चित्त एक-दूसरे में प्रतिबिम्बित होता रहता है क्योंकि यह सम्बन्ध अन्तःकरण से होता है और यह पूर्व जन्मों के सम्बन्ध को भी समझता है। ऐसे प्रेम के लिए किसी निमित्त की आवश्यकता नहीं होती है और वह बिना किसी प्रतिक्रिया व अपेक्षा के हृदयों को एकाकार कर देता है। फलस्वरूप यह कभी-कभी बड़ा विचित्र प्रतीत होता है, आश्चर्यचकित करने वाला होता है।

सरसता, सहजता के साथ ही पारदर्शिता सच्चे प्रेम के अनिवार्य गुण हैं। एक-दूसरे के प्रति आस्थावान होने के साथ ही सद्भाव इस बन्धन को अटूट बनाता है। तभी तो न कहते हुए भी सब कुछ कह देना, स्मृति मात्र से पुलकित हो जाना, दूर रहने पर भी मन व हृदय से दूर न हो पाना तथा आगमन की प्रतीक्षा में उत्सुक होकर सदैव राह निहारना आदि प्रेमियों के मध्य अटूट बन्धन के द्योतक हैं।

जिनका प्रेम आत्मिक नहीं होता है यानी केवल कायिक होता है वे ही छल-छद्म अपनाकर बीच राह में साथ छोड़ देते हैं। इसलिए यदि प्रेम में पवित्रता नहीं है, हृदय में कपट है तो ऐसा प्रेम स्वयमेव नष्ट हो जाता है। अन्यथा सच्चे प्रेम में तो यदि प्रेमी का अपराध प्रतीत भी होता है तो वह क्षणिक ही होता है। उसके सामने आने पर यह अपराध याद भी नहीं रहता

और विस्मृत हो जाता है, क्योंकि प्रथमत: एक प्रेमी दूसरे के प्रति अपराध कर ही नहीं सकता और द्वितीयत: ऐसा कोई अपराध हो भी गया हो तो वह स्थायी भाव का रूप नहीं ले पाता है। इसीलिए तो प्रेमी सदैव प्रिय होता है भले ही उसके कार्य अप्रिय ही क्यों न हों। अप्रिय कार्य के बावजूद प्रेमी का त्याग नहीं किया जा सकता।

यह भी धारणा है कि प्रेम का कारण सौन्दर्य है। यद्यपि यह प्रेम के विभिन्न कारणों में से एक हो सकता है किन्तु यह प्रेम होने का इकलौता कारण नहीं, क्योंकि प्रेम में न कोई शर्त होती है और न ही इसके लिए कोई मानक निर्धारित किए जा सकते हैं। प्रेम तो मन से, हृदय से उत्पन्न आत्मीय भाव व आकर्षण है और इस प्रेम का तो स्वरूप ही सत्य एवं आनन्दमय है, जिसके उत्पन्न होते ही सब कुछ शिव व सुन्दर हो जाता है।

एक के हँसने पर दूसरे का हँसना, एक के उदास होने पर दूसरे का उदास होना, किसी को चोट लगने पर दूसरे को भी पीड़ा होना यह प्रेम की ही विशेषताएँ हैं। जब कोई अपने प्राण से भी प्रिय लगने लगे, कृशकाय होते रहने पर भी हृदय का ज्वार बढ़ता जाए, किसी में सुध-बुध खो जाए तो यह प्रेम का अंकुरण है और फिर आगे कोई लगाम काम नहीं करती, कोई बाँध इस प्रवाह को रोक नहीं पाता। यह प्रेम तो सब कुछ न्योछावर करना जानता है, अपने पास कुछ भी नहीं रखना जानता। इसीलिए तो प्रेम नीरस को भी रसमय बना देता है। यानी जिसके हृदय में प्रेम-संचार हो जाता है वह नीरस को भी रसयुक्त कर देता है।

हालाँकि प्रीति जुड़ना तो सरल है परन्तु उसका निर्वाह कठिन है। प्रेमपथ पर चलना तलवार की धार पर चलने के समान है परन्तु निश्छल व निर्मल मन से सन्तुलन बनाकर चलते रहने वाले प्रेम-पयोधि में मझधार को भी पार कर लेते हैं। प्रेम के संयोग एवं वियोग के पक्षों से उद्भूत आशा एवं निराशा दोनों भावों के बीच डूबते-उतराते प्रेमी अन्तत: अपने प्रियतम के प्रति अटूट आस्था एवं भरोसा रखते हुए आह्वान करते हैं कि दोनों मिलकर दीप जलाते हुए जीवन से अन्धकार को मिटा सकें और उजाले की किरण उनके मिलन की साक्षी बन सके।

प्रेम के इन्हीं विविध पक्षों एवं भावों को सँजोते हुए, साथ ही, लौकिक एवं पारलौकिक दोनों प्रकार के प्रेम सम्बन्धों को अभिव्यक्त करने का प्रयास

करते हुए इक्यावन गीत-पुष्पों की माला के रूप में प्रस्तुत कृति 'प्राण मेरे' सुधीजन के समक्ष प्रस्तुत है।

अन्त में, उक्त काव्य-संग्रह के शुभाशंसा हेतु साहित्यमर्मज्ञ डॉ. शम्भु नाथ जी के साथ प्रकाशक के प्रति आभार प्रकट करता हूँ।

दिनांक : 24.02.2022
लखनऊ

अनिल कुमार पाठक

क्रम

प्राण मेरे

क्या कहकर पुकारूँ

क्या कहकर पुकारूँ, तुम्हें कैसे पुकारूँ मैं,
किस नाम से पुकारूँ, जब नाम ना दिया॥

अक्षरों के ऊपर और शब्दों के पार,
नयनों की भाषा, मेरे हिय की पुकार,
तुमने सुनी ना; उफ़! ये क्या किया?
किस नाम से पुकारूँ, जब नाम ना दिया॥

डूब गया दिन, चहुँदिशि अब रैन हुई,
मीत मेरे! प्रीत से जीवन है छुई-मुई,
सब कुछ लुटाता आया, कुछ ना लिया।
किस नाम से पुकारूँ जब नाम ना दिया॥

पास ही खड़े रहे, दूर हो गए मगर,
साथ चले थोड़े दिन, पकड़ी दूजी डगर,
अमृत का प्याला छोड़, मैंने विष पिया।
किस नाम से पुकारूँ, जब नाम ना दिया॥

बोलता रहा मैं तो, बोल सदा प्यार भरे,
ज़ख़्म मिले तुमसे जो, नित्य ही रहे हरे,
अपलक निहारूँ राह, रोए ये हिया।
किस नाम से पुकारूँ, जब नाम ना दिया॥

समझे नहीं तुम या समझा नहीं पाया,
कहाँ खो गए हो तुम? कुछ भी न बतलाया,
प्राण! आख़िर मैंने ऐसा क्या कर दिया?
किस नाम से पुकारूँ, जब नाम ना दिया॥

आख़िर कैसे तुम्हें पुकारुँ

बिन मौसम बरसात हो गई,
अब तो आधी रात हो गई,
आख़िर कैसे तुम्हें पुकारूँ,
तूने कोई नाम ना दिया॥

ओझल हुआ प्राण! नयनों से,
नाता जोड़ लिया पवनों से,
फिसल गया सब इन हाथों से,
मैंने ऐसा काम क्या किया?
तूने कोई नाम ना दिया॥

दूर कहाँ प्रिय चला गया तू?
इतना कैसे बदल गया तू ?
दीवारें ढह गईं रेत की,
ढूँढ़ूँ, पर कोई धाम ना दिया।
तूने कोई नाम ना दिया॥

अँखियों से बहते नीरों को,
क्रंदन औ' हिय की पीरों को,
सोचा था तू तो समझेगा,
पर तूने पैग़ाम ना दिया।
तूने कोई नाम ना दिया॥

तुम्हें मैं ढूँढ़ता हूँ

तुम्हें मैं ढूँढ़ता हूँ प्राण! हर पल सितारों में।
फैली है चमक तेरी नभ के नज़ारों में॥

सितारों में अकेला तू ही तो चाँद सा है,
जीवन के अँधेरे में रौशन इक याद सा है,
देखूँ मैं तेरा चेहरा हर पल बहारों में।
फैली है चमक तेरी नभ के नज़ारों में॥

चाँद में दाग़ भद्दे हैं ये सारे रिन्द कहते हैं,
ये गेसू हैं मेरे प्रिय के, मुझे मानिन्द लगते हैं,
अब मेरा नाम 'दीवाना' हो गया मशहूर यारों में।
फैली है चमक तेरी नभ के नज़ारों में॥

सिवा मेरे कहाँ कोई इस बात को समझा,
कोई जज़्बात में डूबा, कोई हालात में उलझा,
नहीं सानी कोई तेरा मिला मुझको निगारों में।
फैली है चमक तेरी नभ के नज़ारों में॥

मैं इतना डर जाता हूँ

मैं इतना डर जाता हूँ, आख़िर क्यूँ डर जाता हूँ।
नयनों से पल भर प्राण मेरे! ओझल जब हो जाते हो॥

मेरे ही हो तुम तो प्रियतम, हरदम तुम मेरे ही रहोगे।
मेरी चाहत बिलकुल सच्ची, झूठा कैसे इसे कहोगे।
प्रीति जुड़ी है संग तुम्हारे, तुम ही मुझको भाते हो।
नयनों से पल भर प्राण मेरे! ओझल जब हो जाते हो॥

सपने में भी तुझसे बिछुड़न, देती है मुझको पीड़ा।
उड़ जाएँगे प्राण-पखेरू, भले लगे तुमको क्रीड़ा।
मेरी दुखती रग छू-छूकर, पीर कहाँ से लाते हो?
नयनों से पल भर प्राण मेरे! ओझल जब हो जाते हो॥

मेरे सिवा किसी का तुम पर प्राण! कोई अधिकार नहीं।
इस हिय में तू, तव हिय में मैं, शेष मुझे स्वीकार नहीं।
मैं गीत तुम्हारे गाता हूँ, पर तुम मुझको भरमाते हो।
नयनों से पल भर प्राण मेरे! ओझल जब हो जाते हो॥

मैं अधूरा, प्राण मेरे! बिना तेरे

प्राण! तुम ही प्राण मेरे,
मैं अधूरा, प्राण मेरे! बिना तेरे।

हो रही है शिथिल धड़कन बिन तुम्हारे,
श्वास भी चलती नहीं अब बिन सहारे,
चतुर्दिक लिपटे हैं मुझसे दु:ख के घेरे।
मैं अधूरा, प्राण मेरे! बिना तेरे॥

प्राण! तेरी स्नेह-छाया मेरी थाती,
विरह से मद्धम हुई अब प्रेम-बाती,
मैं अभागा, ये मेरी क़िस्मत के फेरे।
मैं अधूरा, प्राण मेरे! बिना तेरे॥

तुम कहाँ हो, ढूँढ़कर मैं थक गया हूँ,
प्यार की दहलीज़ पर मैं रुक गया हूँ,
हो गया वीरान सब कुछ, उजड़े डेरे।
मैं अधूरा, प्राण मेरे! बिना तेरे॥

प्राण! क्यूँ गुमसुम हो तुम

प्राण! क्यूँ गुमसुम हो तुम, मुझको बता दो।
तोड़ दो अब मौन, कुछ मुझको सुना दो॥

क्या हुआ अपराध मैं नहिं जानता हूँ,
दोष अपना ही मगर प्रिय मानता हूँ,
भूल कोई जो हुई, मुझको जता दो।
प्राण! क्यूँ गुमसुम हो तुम, मुझको बता दो॥

है तेरी क्या वेदना मनमीत मेरे?
सोचता हूँ, कौन कारण दु:ख का तेरे?
सामने लाऊँगा मैं, उसका पता दो।
प्राण! क्यूँ गुमसुम हो तुम, मुझको बता दो॥

हर्ष से भरता मुझे, तेरा चहकना,
प्रेम के संगीत संग तेरा थिरकना,
किसने छीनी मधुर वाणी, अब बता दो।
प्राण! क्यूँ गुमसुम हो तुम, मुझको बता दो॥

कभी ना कोई गिला करो

सुख में दु:ख में, प्राण मेरे तुम,
जब भी मुझसे मिला करो।
करो प्रेम की चर्चा केवल
कभी ना कोई गिला करो॥

चार दिवस का जीवन प्रियतम
विस्तृत अपनी प्रेम-कथा।
ढेरों पहलू इसके सुखमय
क्यूँ ले बैठे, करुण-व्यथा।
इसीलिए तो कहता हूँ मैं
प्राण मेरे जब मिला करो।
करो प्रेम की चर्चा केवल
कभी ना कोई गिला करो॥

जीवन में झंझावातों की
प्रियतम कोई कमी नहीं।
ऐसा क्षण प्रिय दुर्लभ ही है
आँखों में जब नमी नहीं।
इन हालातों में भी मुझसे
प्राण मेरे जब मिला करो।
करो प्रेम की चर्चा केवल
कभी ना कोई गिला करो॥

दुनिया की परवाह किया
तो प्यार कहाँ हो पाएगा?
लोक-लाज के बन्धन में,
यह प्रेम धरा रह जाएगा।
सारे बन्धन तोड़ प्राण!
बिन नागा तुम मिला करो।
करो प्रेम की चर्चा केवल
कभी ना कोई गिला करो॥

तुझे भुला दूँ प्राण मैं कैसे

तुझे भुला दूँ प्राण मैं कैसे? नामुमकिन है ऐसा होना।
तन में, मन में तुम्हीं बसे हो, तेरा है दिल का हर कोना।

इस दिल में है याद तुम्हारी
जो मेरे लिए अमानत है।
जीने का तो वही सहारा
भूले जो बड़ी खयानत है।
प्राण! भला कैसे सम्भव है, ऐसा दुस्साहस होना।
तन में मन में तुम्हीं बसे हो, तेरा है दिल का हर कोना॥

अन्धकार में तुम प्रकाश हो
दग्ध हृदय में हो शीतलता।
दुर्गमपथ में हमराही हो
निर्मल मन में हो सुन्दरता।
इस जग में नामुमकिन है प्रिय, कोई भी तुझसा होना।
तन में मन में तुम्हीं बसे हो, तेरा है दिल का हर कोना॥

सूत्रधार मेरे जीवन के
अनुपमेय तुम, अतुलनीय तुम।
अमर-प्रीति की गाथा जैसे,
पंथ-प्रदर्शक, वंदनीय तुम।
ठुकराया यदि मुझको प्रियतम, फिर है जीवन भर रोना।
तन में मन में तुम्हीं बसे हो तेरा है दिल का हर कोना॥

केवल तू ही मेरी आशा

कैसे पूरी हो अभिलाषा?
डूबा सूरज, बढ़ी निराशा,
सूरज के संग कहाँ छिपे तुम,
केवल तू ही मेरी आशा॥

जब तक तूने साथ निभाया,
मैंने जीवन में सब पाया,
तोड़ दिये पर नेह के धागे
देकर मेरे हिय को झाँसा।
केवल तू ही मेरी आशा॥

ख़्वाब हमारे रहे अधूरे,
बिन तेरे ना होंगे पूरे,
लेगा कौन ख़बर अब मेरी,
जीवन में बढ़ रही हताशा।
केवल तू ही मेरी आशा॥

रहे प्राण जब तक तुम राज़ी,
हमने जीती सारी बाज़ी,
जिस पल छोड़ा साथ हमारा
पलट गया वह जीता पासा।
केवल तू ही मेरी आशा॥

मैंने तुमसे प्यार किया है

तुमने क्यूँ इनकार किया प्रिय,
मैंने तुमसे प्यार किया है,
सपने तेरे संग देखे हैं,
तुझसे ही इक़रार किया है।
मैंने तुमसे प्यार किया है॥

तेरे हृदय फ़लक पर मैं तो,
चाह रहा हूँ बस इक कोना,
और नहीं कुछ चाहत मेरी,
चाहे मिट्टी हो या सोना,
प्राण! तेरे बलबूते मैंने,
आग का दरिया पार किया है।
मैंने तुमसे प्यार किया है॥

तुम्हीं प्रार्थना-पूजा मेरी,
गीत तुम्हारे ही मैं गाऊँ।
प्रीति निभाऊँगा आजीवन,
अभिलाषा यह तुमको पाऊँ।
पाकर तेरी स्नेहिल छाया
सपना अपना साकार किया है।
मैंने तुमसे प्यार किया है॥

पता नहीं प्रिय क्यूँ रूठे हो
अब तो कुछ मुझको बतला दो।
करूँ शिकायत दूर तुम्हारी
क्या यह अच्छा? तुम बदला लो!
प्रेम परीक्षा प्रेम से केवल
जो देता है, वही जिया है।
मैंने तुमसे प्यार किया है॥

सुन प्राण मेरे

प्राण मेरे
पास तेरे
प्राण तेरे
पास मेरे।
सुन प्राण मेरे॥

आस तेरी
आस मेरी
साँस तेरी
साँस मेरी।
सुन प्राण मेरे॥

मैं अधूरा
बिन तुम्हारे
तू अधूरा
बिन हमारे।
सुन प्राण मेरे॥

मैं हूँ तेरा
तू है मेरा
तुम मिलो तो
हो बसेरा।
सुन प्राण मेरे॥

प्राण! बिना तेरे सब सूना

प्राण! बिना तेरे सब सूना,
अब तो है मेरा दुःख दूना।

साथ रहा, थी बात निराली,
शोभित थी पुष्पों से डाली,
गाती थी कोयलिया काली,
पर तेरे बिन प्रिय सब सूना।
अब तो है मेरा दुःख दूना॥

तेरे रहते, थी हरियाली,
चूनर सजती धानी वाली,
चहुँदिशि छायी बदली काली,
रुकती साँसें, सब कुछ सूना।
अब तो है मेरा दुःख दूना॥

ओ मेरे जीवन के माली,
तुझ बिन सूख गई हरियाली,
दिन अँधियारे, रातें काली
सारा जीवन ही है सूना।
अब तो है मेरा दुःख दूना॥

कितना भी इनकार करो प्रिय

कितना भी इनकार करो प्रिय
प्यार मुझे तुम करती हो।
भले ज़ुबाँ पर मत लाओ सच,
पीर मेरी तुम हरती हो॥

जब भी दु:ख के बादल छाए
तुम चिन्तित हो जाती हो।
ना जाने फिर कहाँ-कहाँ से
संचित ख़ुशियाँ लाती हो।
तुम विस्तृत हो नभ सा प्रियतम!
धीरज में तुम धरती हो।
कितना भी इनकार करो प्रिय,
प्यार मुझे तुम करती हो॥

पल दो पल ओझल हो जाऊँ,
तुम उदास हो जाती हो।
मेरे जाने भर से प्रियतम
तुम निराश हो जाती हो।
जीवन के दुर्गम-पथ पर तुम
मुझमें साहस भरती हो।
कितना भी इनकार करो प्रिय,
प्यार मुझे तुम करती हो॥

मिलकर ख़ुश हो जाती हो प्रिय!
हर पल साथ निभाती हो।
हिय का भाव प्रकट करने में,
हाँ, थोड़ा शरमाती हो।
इन भावों के रंग ओढ़कर
तितली-सा तुम उड़ती हो।
कितना भी इनकार करो प्रिय,
प्यार मुझे तुम करती हो॥

कौन समझेगा पीर को प्यारे

कौन समझेगा पीर को प्यारे।
मेरे नयनों के नीर को प्यारे॥

बढ़ता रहता है दर्द यह अपना,
मेरी क़िस्मत में सुख है सपना,
कितना परखेगा धीर को प्यारे।
कौन समझेगा पीर को प्यारे॥

निभाया रिश्ता यह दिल से मैंने,
बसाया प्राण तुम को दिल में मैंने,
भुला न पाऊँ पिक-गीर को प्यारे।
कौन समझेगा पीर को प्यारे॥

भुला दूँ कैसे अपनी वह चाहत,
यादें ही देतीं अब मुझको राहत,
कैसे खो दूँ उस हीर को प्यारे।
कौन समझेगा पीर को प्यारे॥

तेरे बिना ओ प्रियतम!

ऐसे रचे-बसे हो तन-मन में प्राण मेरे,
तेरे बिना ओ प्रियतम! इक पल भी बीते ना।

तेरी याद है सताती, दिन रात प्राण मुझको,
सब जीतकर भी हम तो कुछ भी जीते ना।
तेरे बिना ओ प्रियतम! इक पल भी बीते ना।

तनहा यूँ छोड़ मुझको तुम हो गए कहाँ गुम?
बीते न रैन कारी, ये दिन भी बीते ना।
तेरे बिना ओ प्रियतम! इक पल भी बीते ना।

अपना ही ज़ोर ख़ुद पर अब रह कहाँ गया,
वरना तो इस जहाँ में मेरे प्राण जीते ना।
तेरे बिना ओ प्रियतम! इक पल भी बीते ना।

इस सफ़र में केवल तू ही मेरा सहारा,
कुछ जतन कर दो अब तो, ये प्यार रीते ना।
तेरे बिना ओ प्रियतम! इक पल भी बीते ना।

कोई नहीं यहाँ अब जो दर्द सुन ले मेरा,
वरना ये होंठ अपने हम भी तो सीते ना।
तेरे बिना ओ प्रियतम! इक पल भी बीते ना।

तुम्हीं प्रिये

प्राण हमारे, सबसे न्यारे,
मेरे दुलारे, तुम्हीं प्रिये।

तुझ बिन व्याकुल, अतिशय आकुल,
हिय पीर मिटे, जब मिलो प्रिये।
मेरे दुलारे, तुम्हीं प्रिये॥

करुणासागर, अमृतगागर,
छलके जब, प्यास बुझे तब प्रिये।
मेरे दुलारे, तुम्हीं प्रिये॥

हिय शूल चुभे, कैसे प्रीति निभे,
तुम पीर हरो अब मेरे प्रिये।
मेरे दुलारे, तुम्हीं प्रिये॥

तुम रूठ गए, हम टूट गए,
फिर साथ निभा दे मेरे प्रिये।
मेरे दुलारे, तुम्हीं प्रिये॥

प्राण मेरे! धीरे से आना

प्राण मेरे धीरे से आना,
हिय में रहना फिर ना जाना॥

नाजुक हो तुम प्राण हमारे,
मेरे दुलारे, मेरे प्यारे,
नज़र लगे ना, लुक-छिप आना।
प्राण मेरे! धीरे से आना
हिय में रहना फिर ना जाना॥

अकलुष हिय तुम प्राण हमारे
सबसे न्यारे, सबसे प्यारे,
दाग लगे ना बचकर आना।
प्राण मेरे! धीरे से आना
हिय में रहना फिर ना जाना॥

भोले हो तुम प्राण हमारे
तुझ पर वारे, सब कुछ प्यारे
कोई न देखे छिपकर आना।
प्राण मेरे! धीरे से आना
हिय में रहना फिर ना जाना॥

मनमोहन तुम प्राण हमारे,
दृग में धारे तुमको प्यारे,
भ्रमित न होना सीधे आना।
प्राण मेरे! धीरे से आना
हिय में रहना फिर ना जाना॥

आख़िर कैसे तुम्हें भुला दूँ

इस जीवन के प्रेरक तुम हो,
छोड़ मुझे, कहाँ तुम गुम हो?
यादों को किस तरह सुला दूँ?
आख़िर कैसे तुम्हें भुला दूँ??

तुमने इस जीवन को सँवारा,
बात नहीं यह हमें गँवारा
संग सत्य के झूठ मिला दूँ।
आख़िर कैसे तुम्हें भुला दूँ??

यह जीवन तुम बिन सूना है,
दुःख भी मेरा अब दूना है,
किसको इसका दोष भला दूँ?
आख़िर कैसे तुम्हें भुला दूँ??

कितनी लोगे अग्नि परीक्षा?
नित प्रति मेरी कठिन समीक्षा!
कैसे उन यादों को जला दूँ?
आख़िर कैसे तुम्हें भुला दूँ??

मेरे मन-आँगन में आ जा

बढ़ती रहे मिलन की चाह,
हिय तक पहुँचाए जो राह,
उसे बुहारूँ पलकों से मैं,
नयनों में ले अश्रु प्रवाह।
आख़िर कब आओगे प्रियतम,
कुछ तो मुझे बता जा।
मेरे मन-आँगन में आ जा
मेरे हिय में समा जा॥

आसन पलक बिछाए बैठा,
छप्पन भोग बनाए बैठा,
तुम ना आए सुध बिसराए,
राह निहारूँ इक टक बैठा।
नेह निमंत्रण तुमको फिर से
देर किए बिन आ जा।
मेरे मन-आँगन में आ जा
मेरे हिय में समा जा॥

अगर नहीं आए तुम प्रियतम!
बढ़ता ही जाएगा यह ग़म,
हो सकता है मेरी विदाई
तुम भी देखो, आँखें हों नम,

सोच-समझकर निर्णय लेना
मेरा तो यही तकाजा।
मेरे मन-आँगन में आ जा
मेरे हिय में समा जा॥

प्राण! मेरे तपते जीवन में

रात अमा की अतिशय काली हिय तो मेरा था घबराया।
पर मेरे जीवन का तुमने बुझा हुआ वह दीप जलाया।
प्राण! मेरे तपते जीवन में, आए बनकर शीतल छाया॥

विरह-अनल में झुलस-झुलस कर, मन का पंछी तड़प रहा था।
मिलन भाग्य में कहाँ लिखा है? सोच-सोच दिल धड़क रहा था।
ताश के बिखरे पत्तों जैसी क़िस्मत पर मैं तरस रहा था।
है तू तो संजीवनि प्रियतम, प्राणहीन में प्राण समाया।
प्राण! मेरे तपते जीवन में, आए बनकर शीतल छाया॥

मेरी यादों-फ़रियादों में जबसे तुझसे प्रीति हुई है।
राह मेरी एकाकी अब भी, पर न कभी अनुभूति हुई है।
प्यासा हूँ, व्याकुल भी हूँ, पर मुझसे नहीं अनीति हुई है।
रब को छोड़ रमा अब तुझमें, तू ही तो है मुझको भाया।
प्राण! मेरे तपते जीवन में, आए बनकर शीतल छाया॥

अब तेरे संग इस जीवन को प्रियतम सारे रंग मिलेंगे।
जीवन की बगिया में अब तो रंग-बिरंगे फूल खिलेंगे।
ताल-सुरों की महफ़िल में प्रिय गीत और संगीत सजेंगे।
यही कामना गीत अमर हों, बसती जिनमें तेरी छाया।
प्राण! मेरे तपते जीवन में, आए बनकर शीतल छाया॥

मैं तो ऐसा नहीं सोचता

रात-दिवस तेरी ही चिन्ता
प्राण! मेरा मन पास तुम्हारे।
घोर निराशा बढ़ती जाए
ओझल होने लगे सहारे।
भाग रहा हूँ तेरे पीछे
भले तुम्हें एतबार नहीं।
मैं तो ऐसा नहीं सोचता
तुमको मुझसे प्यार नहीं॥

इतने रिश्ते-नाते तेरे
विस्तृत है तेरी दुनिया।
तेरे प्रेम-हार में मेरा
प्रेम तो नन्ही सी मनिया।
मेरी यह मनिया असली है
भले तुम्हें स्वीकार नहीं।
मैं तो ऐसा नहीं सोचता
तुमको मुझसे प्यार नहीं॥

कब तक दूर रहोगे मुझसे
इक दिन आख़िर याद करोगे।
जलकर, तपकर आऊँगा जब
मिलने की फ़रियाद करोगे।

अहं त्याग दो, अब ज़िद छोड़ो
जीत है इसमें हार नहीं
मैं तो ऐसा नहीं सोचता
तुमको मुझसे प्यार नहीं॥

प्राण मेरे! अब तेरे बिन

घूम रहा हूँ जंगल-मरुथल
हिरन बना, पर बुझे न प्यास।
डूबा सूरज, रात अमा की,
नहीं बची प्रिय कोई आस।
आख़िर प्यास हमारी यह प्रिय
बुझेगी कैसे तेरे बिन।
कितना अधूरा मेरा जीवन
प्राण मेरे! अब तेरे बिन॥

हिरन संग कस्तूरी फिर भी
उसे पता यह बात नहीं।
संग हमारे प्राण रहे तुम,
मुझे पता यह बात नहीं।
जीवन नैया पार ना होगी
प्रियतम मेरी, तेरे बिन।
कितना अधूरा मेरा जीवन
प्राण मेरे! अब तेरे बिन॥

दूरी जब तक बनी रहेगी
तड़पेगा यह मेरा मन।
तू ही मेरे प्रेम की थाती
तू ही मेरा प्रेम-रतन।

बन्द हो रही दिल की धड़कन
धड़के कैसे तेरे बिन?
कितना अधूरा मेरा जीवन
प्राण मेरे! अब तेरे बिन॥

प्राण मेरे! तुम कहाँ हो

प्राण मेरे! तुम कहाँ हो,
मैं यहाँ हूँ, तुम कहाँ हो?

मैं तुम्हें महसूस करता हर घड़ी,
ऐसा लगता पास मेरे तुम खड़ी,
पर प्रिये कुछ भी नज़र आता नहीं,
तुम जहाँ हो।
प्राण मेरे! तुम कहाँ हो॥

याद अब भी प्यार की बिसरी कहानी
कर्ण-प्रिय तेरे सुरों की वह रवानी,
अब नहीं आती है कोई प्रतिध्वनि
तुम जहाँ हो।
प्राण मेरे! तुम कहाँ हो॥

याद करना ग़र ज़रूरी है तुम्हें,
प्राण पहले भूल जाऊँ मैं तुम्हें,
दो पता, ले लूँ इजाज़त तुमसे मैं,
तुम जहाँ हो।
प्राण मेरे! तुम कहाँ हो॥

तनहा–तनहा ही आया था

तनहा-तनहा ही आया था
तनहा-तनहा ही जाना है।
दर-दर फिर क्यूँ भटक रहा हूँ
जब इक दिन जल जाना है॥

युगों-युगों से किसे ढूँढ़ता
रहता हूँ, यह याद नहीं।
मैं क्या हूँ, ख़ुद भूल गया हूँ
कहते सब 'परवाना है'॥
जब इक दिन जल जाना है॥

मिलन प्राण से अब ना होगा
मेरी क़िस्मत ही ऐसी है।
लगता है, उसकी ख़ातिर अब
मेरा दिल बेगाना है।
जब इक दिन जल जाना है॥

मेरी यादों में बस जाओ
पीड़ा भी मुझे गँवारा है
प्रेम की परिणति पीड़ा ही है
और यहाँ क्या पाना है?
जब इक दिन जल जाना है।

अब आगे कोई राह नहीं

अब आगे कोई राह नहीं।
अब जीने की भी चाह नहीं।

यह काल-निशा तो ऐसी है,
जीवन पर संकट जैसी है,
मैंने देखा-सुना कभी भी,
इससे प्रलयंकर दाह नहीं।
अब जीने की भी चाह नहीं॥

साथ रहा जब तक प्रियतम का,
पाईं ख़ुशियाँ, पता न ग़म का,
जबसे फेरे नयन प्राण ने
जीवन में कोई प्रवाह नहीं।
अब जीने की भी चाह नहीं॥

बुझा दीप छा गया अँधेरा,
चारों ओर दु:खों का घेरा,
ज्योति, हर्ष का स्रोत वही था
अब तो कोई उछाह नहीं।
अब जीने की भी चाह नहीं॥

प्राण मेरे मैं कितना आहत,
समझ रहे क्या मेरी चाहत?
इतने निष्ठुर क्यूँ बन बैठे,
सुनते क्यूँ मेरी आह नहीं।
अब जीने की भी चाह नहीं॥

प्राण! कैसे हैं नज़ारे

प्राण! कैसे हैं नज़ारे, देख लो अपनी नज़र से,
अब हमें भी सौंप दो कुछ, अपने इस प्यारे सफ़र से।

हो सके तो याद इनकी, साथ मेरे छोड़ दो,
बाद में चाहे भले तुम, इनसे नाता तोड़ लो,
पर जुदा ना हो सकोगे, प्राण! तुम मेरे जिगर से।
अब हमें भी सौंप दो कुछ, अपने इस प्यारे सफ़र से॥

साथ तेरे ही चला था दूर तुम आए निकल,
मैं गिरा जो उठ न पाया, पर गए थे तुम सँभल,
हक़ में मेरे रात आई मिल गए प्रिय तुम सहर से।
अब हमें भी सौंप दो कुछ, अपने इस प्यारे सफ़र से॥

मैं सदा देता रहा, तुम अनसुना करते रहे,
तुम सितम ढाते रहे, हँसकर हम सहते रहे,
प्रीति सच्ची अगर मेरी, तो बचा लो इस कहर से,
अब हमें भी सौंप दो कुछ, अपने इस प्यारे सफ़र से॥

जी सकूँगा चैन से या घुट-घुट कर मरता रहूँगा,
वक़्त पर अब छोड़ता हूँ, मैं भला क्या कर सकूँगा,
प्रेम-दीपक जल सकेगा प्राण! बस तेरी मेहर से।
अब हमें भी सौंप दो कुछ, अपने इस प्यारे सफ़र से॥

जनम-जनम की है पहचान

प्राण! ना जानूँ तेरा नाम,
प्राण! ना जानूँ तेरा धाम,
रंग-रूप, बोली ना भाषा,
किस विधि करूँ बखान?
जनम-जनम की है पहचान॥

रंग-रूप से प्रेम न होता,
नाम-धाम में प्रेम भी खोता,
काम कहाँ बोली-भाषा का,
धड़कन से होती पहचान।
जनम-जनम की है पहचान॥

सूरज डूबा इन्तज़ार में
मैं डूबा हूँ तेरे प्यार में,
मत पूछो तुम कौन हमारे,
समझो तुम हो मेरी शान।
जनम-जनम की है पहचान॥

तेरी ही है मुझे तलाश,
टूटी नहीं अभी भी आस,
कौन, कहाँ ऐसे शब्दों का,
नहीं रहा अब प्रियतम ध्यान।
जनम-जनम की है पहचान॥

तुमको भूल नहीं पाऊँगा,
तेरी यादों में आऊँगा,
तुम भी नहीं भूलना मुझको
रखना कुछ तो मेरा मान।
जनम-जनम की है पहचान॥

अच्छा नहीं लगता है

तुमसे मेरा कैसा नाता
समझ नहीं पाता हूँ।
तुमसे मेरा कब का नाता
जान नहीं पाता हूँ।
लेकिन मेरा दिल तो प्रियतम
तेरे लिए धड़कता है।
क्यूँ रोते हो प्राण हमारे,
अच्छा नहीं लगता है॥

जीवन तेरे बिना असम्भव
तुम ही मुझको भाते हो।
निर्मल, प्यारे प्राण हमारे
मोती व्यर्थ लुटाते हो।
रहे याद, इन आँखों में
ख़ुशियों का आँसू सजता है।
इसीलिए प्रिय तेरा रोना
अच्छा नहीं लगता है॥

अनजाने में रिश्ते बनते,
पर अटूट हो जाते हैं।
जाति-धर्म औ' देश-वेश से
ऊपर ये उठ जाते हैं।

ऐसा ही कुछ अपना नाता
तुझसे इतनी ममता है।
मत रोओ तुम प्राण हमारे,
अच्छा नहीं लगता है॥

पास न आए दुःख की छाया
प्रियतम तू महफ़ूज़ रहे।
जीवन ख़ुशियों से भर जाए,
शहनाई की गूँज रहे।
प्राण! तुम्हीं से प्यार हुआ है
मेरा भी हक़ बनता है।
अब मत रोना प्राण हमारे,
अच्छा नहीं लगता है॥

आख़िर तेरे बिन

ये सीधे-सादे रिश्ते हैं
पर कितने ज़्यादा उलझे हैं।
आख़िर तेरे बिन सुलझाए
कब, कहाँ, कभी ये सुलझे हैं??

मैं उलझाता ही रहता हूँ,
तुम भी कब तक सुलझाओगी।
मुझसे नित ही पीड़ा पाकर,
इक दिन तुम भी थक जाओगी।
यह दोष हमारे अन्दर है,
इसीलिए तो उलझे हैं।
आख़िर तेरे बिन सुलझाए,
कब, कहाँ, कभी ये सुलझे हैं??

समझ न पाया प्यार तेरा
मैं, रहा ढूँढ़ता शब्दों में।
बाँच न पाया मन क्यूँ तेरा?
उलझ गया प्रारब्धों में।
निर्मल हिय के भाव न समझा,
इसीलिए तो उलझे हैं।
आख़िर तेरे बिन सुलझाए,
कब, कहाँ, कभी ये सुलझे हैं??

तुम सीधे-सादे, भोले हो
पर मैं कितना उच्छृंखल हूँ।
धीर और गम्भीर प्रिये तुम,
पर मैं तो पूरा पागल हूँ।
शरणागत मैं ना हो पाया
ये इसीलिए तो उलझे हैं
आख़िर तेरे बिन सुलझाए,
कब, कहाँ, कभी ये सुलझे हैं??

प्राण! तू है मान मेरा

डूबते को दे सहारा,
तुमने प्रिय मुझको उबारा,
तूने ये जीवन सँवारा,
प्राण! तू अभिमान मेरा।
प्राण! तू है मान मेरा॥

थम रही थी दिल की धड़कन,
थी चतुर्दिक मात्र अड़चन,
ज़िन्दगी बन गई उलझन,
तू बना वरदान मेरा।
प्राण! तू है मान मेरा॥

सुखद, सुन्दर सुबह लेकर,
स्वप्न प्यारा-सा सँजोकर,
सप्तवर्णी रंग भरकर,
बन गया सम्मान मेरा।
प्राण! तू है मान मेरा॥

खिल गए मृदु कुसुम फिर से,
जल गए वे दीप फिर से,
हिय धड़कने लगा फिर से,
तू बना पहचान मेरा।
प्राण! तू है मान मेरा॥

हो न अगर इनकार तुझे

तुम अगर ख़्वाब हो, इस ख़्वाब से भी प्यार मुझे।
दिल में बसा लूँ मैं तुमको हो न अगर इनकार तुझे॥

तेरा तो ख़्वाब में आना भी इक हक़ीक़त है।
जैसी सूरत है तेरी वैसी ही तेरी सीरत है।
तुम सा कोई भी नहीं, तुझसे है इक़रार मुझे।
तुम अगर ख़्वाब हो, इस ख़्वाब से भी प्यार मुझे॥

ख़्वाब अच्छे हैं भला मिलने-जुलने आते हैं।
पल दो पल के ही लिए अपने बन तो जाते हैं।
होंगे पूरे ये भी कभी इसका है ऐतबार मुझे।
तुम अगर ख़्वाब हो, इस ख़्वाब से भी प्यार मुझे॥

ख़्वाब की दुनिया भी कितनी अजब, निराली है।
जब तलक साथ हैं ये, ज़िन्दगी उजाली है।
ऐसे चंद लमहों से भी मिल रही बहार मुझे।
तुम अगर ख़्वाब हो, इस ख़्वाब से भी प्यार मुझे॥

प्राण! मुझे भी प्यार करो

मैं चातक हूँ प्राण तेरा, मानो, ना इनकार करो।
प्राण! मुझे भी प्यार करो, प्राण! मुझे भी प्यार करो॥

तुझे चाहने वाले होंगे इस दुनिया में कितने सारे।
औरों का मैं नहीं जानता, हम अपना दिल तुझ पर हारे।
मैं यह कहता कहाँ तुम्हें प्रिय केवल मुझसे प्यार करो।
प्राण! मुझे भी प्यार करो, प्राण! मुझे भी प्यार करो॥

प्यार अपरिमित तेरा प्रियतम इसका कोई अन्त नहीं।
स्नेहिल छाया मिले मुझे भी भले मैं तेरा कन्त नहीं।
कट जाएँगे जीवन के पल ग़र थोड़ा भी प्यार करो।
प्राण! मुझे भी प्यार करो, प्राण! मुझे भी प्यार करो॥

चाह अधिक की कभी न मेरी, थोड़े में ही चल जाता है।
प्रेम-कवच प्रिय तेरा पाकर, भारी संकट टल जाता है।
मुझ पर भी अब कृपा करो, थोड़ा सा इक़रार करो।
प्राण! मुझे भी प्यार करो, प्राण! मुझे भी प्यार करो॥

प्यार इसी को कहते हैं

मिलें मगर कुछ कह ना पाएँ,
बातें सब दिल में रह जाएँ,
बात-बात पर जब शरमाएँ,
लेकिन मन ही मन मुसकाएँ,
प्यार इसी को कहते हैं।
हाँ, प्यार इसी को कहते हैं॥

गहे बाँह जब भी साथी की,
जैसे प्रीति तेल-बाती की,
साथ-साथ ही जलती जाएँ,
मर्यादा रख कर थाती की
संग जियें, संग ही मरते हैं।
प्यार इसी को कहते हैं,
हाँ, प्यार इसी को कहते हैं॥

बिन देखे उसको चैन नहीं
पर मुख से निकले बैन नहीं,
जब मिले उजाला हो जाए
फिर तो अँधियारी रैन नहीं,
बन मलयानिल संग बहते हैं।
प्यार इसी को कहते हैं।
हाँ, प्यार इसी को कहते हैं॥

प्राण मेरे! यह क्यूँ होता है

प्राण मेरे! यह क्यूँ होता है,
आख़िर ऐसा क्यूँ होता है?
प्राण मेरे! यह क्यूँ होता है,
अक्सर ही ऐसा होता है॥

तेरी ख़ातिर अब भी अड़ा हूँ,
ना जाने कितनों से लड़ा हूँ,
चलता रहता अथक निरन्तर
बीच राह में फिर भी खड़ा हूँ,
भाग्य मेरा कुछ ऐसा ही है
भोर हुई, फिर भी सोता है।
आख़िर ऐसा क्यूँ होता है?

पल भर में सब लगे फिसलता,
मेरे हिस्से मिली विफलता,
मुझ पर एक अदृश्य रूप में
किसका है ये कहर बरपता,
नहीं किसी का अपराधी हूँ
फिर भी दिल ये क्यूँ रोता है?
आख़िर ऐसा क्यूँ होता है?

इस जीवन की तू ही आशा,
हिय की इकलौती अभिलाषा,

पा जाऊँ बस नेह तुम्हारा,
जीवन से छँट जाय कुहासा।
पाने की कोशिश में प्रियतम
हर पल ही दिल कुछ खोता है।
आख़िर ऐसा क्यूँ होता है?

तुम्हारी कृपा जो बरस जाए मुझ पर

तुम्हारी कृपा जो बरस जाए मुझ पर
जीवन मेरा भी महक-महक जाए।
मिले प्राण! मुझको तेरी स्नेह-छाया,
सूना ये जीवन चहक-चहक जाए॥

जीवन में मेरे उदासी का आलम,
सारे जहाँ का है इसमें भरा ग़म।
तेरी कृपा बिन कहाँ होगा ये कम,
स्नेह का आँचल मुझ पर जो छाए,
सूना ये जीवन चहक-चहक जाए॥

थका ढूँढ़ कर मैं, मिला ना किनारा,
सपने दिखाकर दिया ना सहारा,
फिरता रहा हर जगह मारा-मारा,
संकट मिटाने मेरा जो तू आए
सूना ये जीवन चहक-चहक जाए॥

अब तक मिली है केवल निराशा,
तुझमें ही देखूँ जीवन की आशा,
मेरे प्राण! समझो तुम प्रेम-भाषा,
फिर से हृदय ये मिलन-गीत गाए।
सूना ये जीवन चहक-चहक जाए॥

जब भी आना वहीं पर आना

जब भी आना वहीं पर आना,
मैंने बदला नहीं ठिकाना।
जहाँ मिले थे पहले-पहले,
अब भी मेरा वही ठिकाना॥

इन्तज़ार में तेरे, तबसे
प्रियतम वहीं पड़ा हूँ।
राह निहारूँ तेरी अपलक
प्रियतम वहीं खड़ा हूँ।
याद मेरी जब आए तुमको
दिल को मत बहकाना।
जब भी आना वहीं पर आना,
मैंने बदला नहीं ठिकाना॥

ऐसा कैसे हो सकता है
याद न तुमको आऊँ।
तेरे हिय तक पहुँच न पाए
प्रेम - गीत जो गाऊँ।
सीधी डगर यहाँ की प्रियतम
नयनों को मत उलझाना।
जब भी आना वहीं पर आना,
मैंने बदला नहीं ठिकाना॥

प्रेमबन्ध से बढ़कर आख़िर
और कहाँ कुछ होता।
प्रेम नहीं जिसके जीवन में
वह जीवन भर रोता।
लोक-लाज में पड़कर प्रियतम,
मन को मत तड़पाना।
जब भी आना वहीं पर आना,
मैंने बदला नहीं ठिकाना॥

मुझे मिले तुम, मंज़िल मिल गई

मुझे मिले तुम, मंज़िल मिल गई
धन्य हुआ मेरा जीवन।
कोई भी भटकाव नहीं, अब
शेष नहीं कुछ पाने को॥

साथ मिला जो प्रियतम तेरा
जी लूँ उसको जी भरकर।
पल दो पल का साथ बहुत है
यादें अमर बनाने को।
शेष नहीं कुछ पाने को॥

शमा जलेगी कब तक, इसका
इन्तज़ार क्यूँ करना है।
इक पल में ही आहुति देना
आता इस परवाने को।
शेष नहीं कुछ पाने को॥

छोड़ अकेला मुझे एक दिन
बीच डगर में, चल देगा।
क्यूँ सोचूँ, क्यूँ फ़िक्र करूँ मैं
कब कह दे वह जाने को।
शेष नहीं कुछ पाने को॥

इक दिन जब वह जाएगा,
पीड़ा अपार तब पाऊँगा।
फिर ये पल क्यूँ जाने दूँ,
ढूँढ़ूँ क्यूँ अनजाने को?
शेष नहीं कुछ पाने को॥

ख़ुशियों के ये पल मैं जी लूँ
जी भरकर अब तेरे संग।
क्या होगा, क्या लोग कहेंगे,
छोड़ो इस अफ़साने को।
शेष नहीं कुछ पाने को॥

प्राण! चाहे द्वार से अपने लौटा दे

प्यार की राहों में तू काँटे बिछा दे,
मेरे इन पाँवों में तू बेड़ी पिन्हा दे,
बन्द कर दे रास्ते, जाते जो तुझ तक,
राह से अपनी मुझे, प्रियतम हटा दे।
प्राण! चाहे द्वार से अपने लौटा दे॥

तू ही मंज़िल प्यार की मेरे प्रिये,
प्रेमपथ पर हैं जलाए जो दिये,
हैं अमानत ज़िन्दगी की ये हमारे,
आँधियों के संग अब इनको बुझा दे।
प्राण! चाहे द्वार से अपने लौटा दे॥

मुझ पर इन पाबन्दियों की क्या वजह,
ये मुनादी भी करा दे हर जगह।
पर नहीं छोड़ूँगा तुमसे प्यार करना
है मुझे मंजूर तू जो भी सज़ा दे।
प्राण! चाहे द्वार से अपने लौटा दे॥

प्राण! क्यूँ नाराज़ है

प्राण! तू क्यूँ मौन है, मुझको बता दे।
पीर जिसने दी तुझे, उसका पता दे।
बात या फिर और है, तबीयत तेरी नासाज़ है।
प्राण! क्यूँ नाराज़ है?

तेरे होंठों की हँसी मेरा सहारा।
बिन तेरे होगा कहाँ मेरा गुज़ारा।
जीने का आधार तेरी ही मधुर आवाज़ है।
प्राण! क्यूँ नाराज़ है?

इस तरह गुम-सुम रहोगी, जीते जी मर जाऊँगा।
छोड़ दूँगा ये जहाँ, फिर लौटकर ना आऊँगा।
कह दे मेरी क्या खता है, जिससे तू चुप आज है।
प्राण! क्यूँ नाराज़ है?

तुमने मुझको बना दिया

तुमने मुझको बना दिया क्यूँ प्रियतम बेगाना?
आख़िर तेरे प्यार का प्रियतम क्या है पैमाना??

जिस राह चला हौले-हौले, उसकी तो तू ही है मंज़िल।
ओ जान-ए-जिगर बिन तेरे अब कितनी सूनी है ये महफ़िल।
मैं तेरा शैदाई प्रियतम मत ढूँढ़ो कोई बहाना।
आख़िर तेरे प्यार का प्रियतम क्या है पैमाना??

चैन छिना, तनहाई है अब, कहते सब हरजाई।
कसमें-वादे झूठे थे? जो मिली मुझे रुसवाई।
परवाह नहीं की जब हमने, क्या कर लेगा ज़माना।
आख़िर तेरे प्यार का प्रियतम क्या है पैमाना??

क़दम खींचकर कर डाला तौहीन प्यार की प्रियतम।
बीच राह में छोड़ गए तुम देकर मुझको यह ग़म।
प्यार के मेरे जज़्बातों को तुमने ना पहचाना।
आख़िर तेरे प्यार का प्रियतम क्या है पैमाना??

तेरे प्यार में पागल प्राण सुनो

तेरे प्यार में पागल प्राण सुनो,
तू मान ले यदि, मेरा मान रहे।
प्रिय मेरे अगर अपना ले मुझे
मेरा भी बना अभिमान रहे॥

तेरा साथ मिले जो मेरे प्रिये
जीवन को मेरे गति मिल जाए।
सूनी बगिया मेरे जीवन की
तेरे प्यार से प्रमुदित हो जाए।
मैं ऐसे समाऊँ तुझमें प्रिये,
अपनी न कोई पहचान रहे।
तेरे प्यार में पागल प्राण सुनो
तू मान ले यदि, मेरा मान रहे॥

धड़कन सुन लोगी मेरी जब
जो धड़कें बस तेरी ख़ातिर।
मिट जाएगा संशय तेरा
मुझको न कहोगी फिर काफ़िर।
ग़र इतना कर दो मेरे प्रिये,
मेरा भी बचा सम्मान रहे।
तेरे प्यार में पागल प्राण सुनो।
तू मान ले यदि, मेरा मान रहे॥

हाथों को तेरे चूमकर

हाथों को तेरे चूमकर पूछो न क्या मिला।
मैंने तो प्राण पा लिया जीने का सिलसिला॥

तूने बढ़ाया हाथ तो सच, मैं सहम गया,
तूने मिलाया हाथ तो थोड़ा-सा थम गया,
सब कुछ तो मिल गया मुझे, कोई नहीं गिला।
मैंने तो प्राण पा लिया जीने का सिलसिला।

अहसास तेरे प्यार का मुझको सदा रहा,
तूने न कुछ कहा, न मैंने ही कुछ कहा,
अब बिना कहे-सुने ही, जीवन नया मिला।
मैंने तो प्राण पा लिया जीने का सिलसिला॥

अब हाथ है मिलाया तो इसको न छोड़ना,
इस दिल में सदा रहना तुम, नाता न तोड़ना,
दरमियाँ हमारे, इश्क़ का गुलशन रहे खिला।
मैंने तो प्राण पा लिया जीने का सिलसिला॥

'हाँ-नहीं' के बीच

'हाँ-नहीं' के बीच में अटकी है अब तक ज़िन्दगी।
'हाँ' कहा, न 'ना' कहा, नाराज़ मुझसे ज़िन्दगी॥

मैं धरा पर ही रहूँ, या फिर रहूँ आसमान में,
शान्त मलयानिल के संग में या रहूँ तूफ़ान में,
पर पता तो चले मुझको, क्या नियति आख़िर मेरी?
ये फ़ैसला तू आज ही कर दे मेरा, ऐ ज़िन्दगी!
'हाँ-नहीं' के बीच में अटकी है अब तक ज़िन्दगी॥

अर्श पर या फ़र्श पर चाहे कहीं भी मैं रहूँ,
मैं रहूँ सुख में या दु:ख में, क्यों किसी से कुछ कहूँ?
मिलन की घड़ियों की आख़िर मैं प्रतीक्षा क्यों करूँ ?
कोई जब संकेत मुझको देती नहीं ये ज़िन्दगी।
'हाँ-नहीं' के बीच में अटकी है अब तक ज़िन्दगी॥

है नहीं चिन्ता मुझे, आगे होगा क्या मेरा।
प्यार के धागे न टूटें, साथ छूटे ना तेरा,
बेदख़ल दिल से किया तेरे भरोसे मैं रहा,
फिर किसी से क्या कहूँ, अब तो पराई ज़िन्दगी।
'हाँ-नहीं' के बीच में अटकी है अब तक ज़िन्दगी॥

जब भी मौक़ा मिले मुस्कुरा लीजिए

आप भी एक दफ़ा खिलखिला लीजिए,
थोड़ा सा ही सही, मुस्कुरा लीजिए।
ज़िन्दगी का मुकम्मल मज़ा लीजिए,
जब भी मौक़ा मिले मुस्कुरा लीजिए॥

ख़ुशियाँ जिनसे मिलें, हमसफ़र अब कहाँ,
केवल ग़म देने वाले, बस हैं लाखों यहाँ,
ऐसे लोगों से उम्मीद क्या कीजिए?
जब भी मौक़ा मिले मुस्कुरा लीजिए॥

एक दिन भी गुजारा नहीं जिनके बिन,
छोड़ देंगे अकेला, वही एक दिन,
भले उन पर सभी कुछ लुटा दीजिए,
जब भी मौक़ा मिले मुस्कुरा लीजिए॥

ज़िन्दगी में उजाला न देता कोई,
गैर का दर्द आख़िर न लेता कोई,
ग़म के आँसू मिलेंगे, वही पीजिए,
जब भी मौक़ा मिले मुस्कुरा लीजिए॥

कुछ साथ मिले कुछ छूट गए

कुछ साथ मिले कुछ छूट गए,
कुछ बिना बात के रूठ गए।
बहुत सँभाला मैंने उनको,
फिर भी रिश्ते सब टूट गए॥

रिश्ते तो नाजुक होते हैं,
वे ही पाते, जो खोते हैं,
इकतरफ़ा रिश्तों की उम्र कहाँ,
आज जुड़े कल टूट गए।
बहुत सँभाला मैंने उनको,
फिर भी रिश्ते सब टूट गए॥

रिश्तों की भी मर्यादा है,
ना कोई कम, ना ज़्यादा है,
रिश्तों में सम्मान नहीं गर,
तो यहाँ जुड़े वहाँ टूट गए।
बहुत सँभाला मैंने उनको,
फिर भी रिश्ते सब टूट गए॥

रिश्ते तो हों दर्पण जैसे,
मधुमय औ' मलयानिल जैसे,

वंचक, छलिया जो बने अगर,
चातक से रिश्ते भी टूट गए।
बहुत सँभाला मैंने उनको,
फिर भी रिश्ते सब टूट गए॥

फिर भी तुम अच्छे लगते हो

फिर भी तुम अच्छे लगते हो।
बार-बार पीड़ा पहुँचाकर, प्राण मुझे छलते रहते हो।
फिर भी तुम अच्छे लगते हो।

यह सच है, तुम पास नहीं, मिलने की फिर आस नहीं।
हर निमेष तुम प्राण हमारे, मेरे हिय में ही रहते हो।
फिर भी तुम अच्छे लगते हो॥

प्रेम-पीर तुम भले न जानो, पर तेरा हूँ यह तो मानो।
समझ लिया है मुझे पराया, इसीलिए बिछुड़े रहते हो।
फिर भी तुम अच्छे लगते हो॥

अपलक नयन निहारूँ राह, पुनर्मिलन की लेकर चाह॥
ना जाने क्यूँ मुझे भुलाकर, रात-दिवस छिपते रहते हो।
फिर भी तुम अच्छे लगते हो॥

माँगा है मैंने प्यार तुम्हीं से

माँगा है मैंने प्यार तुम्हीं से
जीवन भर साथ निभाने को।
आशा भी तुम्हीं, अभिलाषा भी
भूल न जाना आने को।

भक्त की भावुकता में तुम्हीं,
मैं तो तेरा आराधक हूँ।
अब तो दरस दे जाओ प्रिये,
छोड़ो ना ठोकर खाने को।
माँगा है मैंने प्यार तुम्हीं से
जीवन भर साथ निभाने को॥

भावों के आँगन से तुमको
अन्तर्मन में छिपा लिया।
बन्द हो गए पलक द्वार
अब मत कहना प्रिय जाने को।
माँगा है मैंने प्यार तुम्हीं से
जीवन भर साथ निभाने को॥

आख़िर प्रिय यह कैसा प्यार

बिन सावन के अँखियाँ बरसें
तुझसे मिलने को दिल तरसे।
राह निहारूँ तेरी कब से
अब भी तेरा है इन्तज़ार।
आख़िर प्रिय यह कैसा प्यार??

प्रीति जगाकर दूर बस गए,
प्रेम शत्रु सब हमें डस गए।
उलझ गए निष्ठुर दुनिया में
अब तो बस तू ही आधार।
आख़िर प्रिय यह कैसा प्यार??

हर पल प्रियतम तेरी चाह
खोई मंज़िल, भूली राह।
दिल में उठती है जब पीड़ा
लगता सब कुछ है निस्सार।
आख़िर प्रिय यह कैसा प्यार??

प्रिय तेरे बिन मेरा जीवन

प्रिय तेरे बिन मेरा जीवन,
सारहीन अब नीरस जीवन॥

अमराए अमवा की डाली,
गदराए महुए की लाली,
गाए कोयल हो मतवाली,
सुरभित चहुँदिशि फिरे पवन।
पर है सूना मेरा उपवन
सारहीन अब नीरस जीवन॥

नवपल्लव, मदमाती कलियाँ,
करती झंकृत पायल परियाँ,
हास्य लास्य से गुंजित गलियाँ,
शशि-तारक से सजा गगन।
एकाकी चिन्ताकुल यह मन
सारहीन अब नीरस जीवन॥

जब से छूटा साथ तुम्हारा,
ज्योतिहीन मैं, नहीं सहारा,
तेरा प्यारा वही दुलारा,
राह तुम्हारी देखूँ हर क्षण।
अपलक, पूरितअश्रु नयन
सारहीन अब नीरस जीवन॥

बता प्रिये तू है किस ओर

चहल-पहल गलियों में प्रियतम
राहों में है भारी शोर।
पर तू कहाँ नज़र से ओझल,
बता प्रिये तू है किस ओर??

उपवन से जो फूल चुने थे
तेरे पथ पर डाल दिये।
वे कुम्हलाए, तुम ना आए,
कहाँ छिपे हो, ओ चितचोर?
बता प्रिये तू है किस ओर??

बड़े प्यार से दीप जलाया
तेरी पूजा करने को।
वे भी बुझे प्रतीक्षा करते
चहुँदिशि दिखे अँधेरा घोर।
बता प्रिये तू है किस ओर??

गीत गुने जो तेरी ख़ातिर,
उनके भी स्वर मन्द पड़े।
रातों के सन्नाटे में अब
दिखता नहीं कोई भी छोर।
बता प्रिये तू है किस ओर??

आओ, प्राण! अब दीप जलाएँ

आओ, प्राण! अब दीप जलाएँ!
रात बड़ी अँधियारी, काली
आओ, उसे हटाएँ
जगमग दीप जलाएँ।
आओ, प्राण! अब दीप जलाएँ!
दीये का है तन माटी का
इसका है जीवन माटी-सा
किन्तु स्नेह से भरी चेतना
ऊपर लौ फैलाएँ।
आओ, प्राण! अब दीप जलाएँ!
तमाच्छन्न है घोर अँधेरा
लगता कितना दूर सबेरा
तिमिर मिटाकर, आभा भर कर
दीपावली सजाएँ
आओ, प्राण! अब दीप जलाएँ!